AF562682

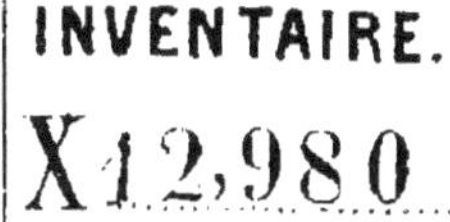


# MÉTHODE
## POUR APPRENDRE
## EN MÊME TEMS
## A LIRE ET A ÉCRIRE,

Par Alexandre CHORON,
*Ex-Elève de l'Ecole Polytechnique.*

---

PREMIÈRE PARTIE,
ORTHOGRAPHE SIMPLE.

---

*TROISIÉME ÉDITION.*

A PARIS,
Chez BERNARD, Libraire, quai des Augustins, n°. 31.
Et chez POTEY, rue du Bac.
A CAEN { chez LE ROY, Imprim.-Libraire, rue Saint-Pierre. chez MANOURY aîné, même rue.

DE L'IMPRIMERIE DE GILLÉ FILS.

An XI. — 1803.

# INTRODUCTION.



Pour enseigner à lire et à écrire à l'aide de cette méthode, préparez d'abord votre élève à écrire, en lui faisant couvrir avec de l'encre ordinaire les *i* et les *o* des deux feuillets détachés, et en l'exerçant à former ces mêmes lettres sans le secours des traces. Dès qu'il y réussira passablement, faites-lui lire (lignes 1, et 2, du syllabaire), les lettres A, a, et faites-lui tracer, (page 1, du premier cahier) la lettre *a*, en nommant cette lettre, chaque fois qu'il l'aura écrite ; il écrira cette même lettre sans traces à la page 2 ; vous interromprez de temps en temps l'écriture, pour faire lire la lettre A, a, dans le syllabaire. Faites de même lire dans le syllabaire la lettre È, è, que vous prononcerez comme dans procès. Faites-la écrire page 3, du premier cahier, d'abord sur traces, puis sans traces, ayant toujours soint de faire nommer la lettre qui vient d'être tracée. Cette page finie, reprenez dans le syllabaire les deux premières lettres dans cet ordre, A, È; a, è; A, a; È, è; et faites écrire la page 4 premier cahier. Continuez de même pour la page 5, faites lire É, é, que vous prononcerez comme dans paté; la page 5 étant terminée, reprenez le syllabaire dans cet ordre A, È, É; a, è, é; A, a; È, è, É, é; et de même pour les articles suivants, en ayant soin de prononcer *e* sans accent, comme il se prononce dans *je*, *ne*, *me*, *le*, en sorte que les lettres A È É E se prononceront A AI É EU.

Vous ne ferez pas épeler les voix

*ou an* , ni les autres qui s'écrivent par plusieurs lettres.

Les deux premières lignes du syllabaire et le premier cahier étant terminés, votre élève saura parfaitement lire et écrire à la dictée les voix de la langue francaise ; il faut lui apprendre les articulations.

Pour cet effet, vous lui ferez lire plusieurs fois toute entière et de suite la ligne troisième du syllabaire, vous lui apprendrez (page première du deuxième cahier) à tracer le b, à écrire sur traces, puis à la dictée les syllabes ba bè bé be etc. Vous ferez de même lire et écrire à la dictée les syllabes ab èb ib etc. Vous ferez ensuite lire ces deux lignes du syllabaire dans cet ordre Ba, ab ; bè, èb, bé, be ; bi etc. Vous les dicterez aussi dans ce même ordre. Vous reprendrez ensuite les quatre premières lignes du syllabaire d'abord de suite, puis dans cet ordre A, a, Ba, ab, E, è, bè, èb ; etc. Et vous terminerez ce qui concerne l'article du b, par faire écrire à la dictée et lire les mots qui, dans cette première partie, se trouvent à l'article B. b. pag. 7. l'élève connoîtra cette articulation. Vous répéterez les mêmes opérations sur la lettre P et les suivantes ; et la première partie étant terminée, votre élève sera en état de lire et d'écrire à la dictée tous les mots de la Langue Française qui s'écrivent comme ils se prononcent ; il sera même en état d'écrire tout ce qu'il voudra selon ce système d'orthographe.

Alors vous prendrez la seconde partie de la méthode, et vous ferez entendre à l'élève que les notations placées à la marge valent autant dans les mots qui sont à côté d'elles, que les capitales qui sont au haut de la page ; vous lui ferez lire quelques articles ; il les écrira à la dictée, et terminera sa leçon par lire tant dans son cahier que dans son livre tout ce qu'il aura écrit. A la fin de cette seconde partie, il saura lire dans tous les livres possibles ; il écrira correctement une certaine quantité de mots.

Des expériences faites sur près de mille personnes, tant à Paris que dans le Calvados et autres lieux, ont donné les resultats suivans. 1°. Une personne de l'âge au-dessus de l'enfance, sachant déjà lire, apprend en un mois à écrire assez pour son usage ; un enfant de sept ans, en deux mois. 2°. Une personne de l'âge au-dessus de l'enfance, ne sachant ni lire ni écrire, apprend l'un et l'autre en deux à trois mois ; un enfant en quatre à cinq.

On a vu le citoyen Lasalle, artiste vétérinaire de la commune de Saint-Julien, arrondissement de Lizieux, âgé de cinquante-sept ans, et connaissant à peine les lettres, apprendre en treize leçons à lire et à écrire, des enfans de six à huit ans ont su parfaitement cette première partie en vingt-deux jours : mais ce sont là des extrêmes ; les termes que nous avons indiqué ci-dessus sont les termes moyens ; les intelligences les plus faibles n'ont jamais exigé plus que le double de ce tems.

---

# EXERCICES

## SUR LE SYLLABAIRE.

### B b

Bé-bé bi-bi bo-bi bo-bo bam-bin
Bébé bibi bobi bobo bambin

bam-bou bon-bon ba-bouin im-bi-bé
bambou bonbon babouin imbibé

bu-i.
bui.

### P p

Pa-pa pe-pin pou-pon pou-pin
Papa pepin poupon poupin

pom-pon é-pi a-pi pi-on.
pompon épi api pion.

### V v

A-vé pa-vé.
Avé pavé.

## F f

Fi-fi fan-fan.
Fifi fanfan.

## M m

Ma-man mi-mi a-mi é-mu vo-mi
Maman mimi ami ému vomi

Mo-ab fu-mé pou-mon.
Moab fumé poumon.

## D d

Da-da do-do don-don din-don
dada dodo dondon dindon

Dé-mon de-vin di-vin bou-din
démon devin divin boudin

pa-dou mi-di in-di-vi-du a-ban-don
padou midi individu abandon

bi-don bon-don.
bidon bondon.

## T t

Tou-tou é-tui pa-tin pan-tin pon-ton
Toutou étui patin pantin ponton

## T t

tin-tou-in pa-ta-pouf tam-pon fé-tu
tintouin patapouf tampon fétu

ti-mon mou-ton é-té a-vi-di-té bu-tin
timon mouton été avidité butin

bou-ton ma-tin ti-mi-di-té poin-tu
bouton matin timidité pointu

Poi-tou bon-té vo-mi-tif.
Poitou bonté vomitif.

## N n

A-non bé-ni bé-nin me-nu u-ni-té
Anon béni bénin menu unité

pu-ni ve-nin To-pi-nam-bou da-tif
puni venin Topinambou datif

in-fi-ni-té fa-non u-na-ni-mi-té in-fi-ni
infinité fanon unanimité infini

va-ni-té nu-di-té mi-non a-dop-tif
vanité nudité minon adoptif

nou-é.
noué.

## L l

Alun élan balon bélin bilan lapin pilon vélin talapoin filou foulon lundi tálon pantalon bluté dotal doublon diablotin poli plantin filon amabilité lambin latin malin moulin amovibilité milan baladin palatin animal pluvial métal total fanal fatal féodal fatalité inamovibilité vital impalpabilité linon futilité dilatabilité féodalité mobilité fidélité lividité l'impidité bémol oubli totalité volonté volubilité volupté utilité peloton boulon melon falbala défilé.

## R r

Baron burin ruban ravin fretin fripon fronton édredon rapidité abri intrépidité balandran tournoi ortolan turban trépan tamarin matrimonial minéral patrimonial mardi morfondu

R r

brutalité familiarité formalité frivolité importunité infirmité libéralité opéra moralité maturité matérialité probité prématurité variabilité propreté profil fourmi artimon revenu brelan fémur préparatif parfum forban florin lutrin pélerin tambourin amiral tribunal méridional rural rival diurnal biribi numéro barbon bridon bourdon futur brandon fredon lardon pardon vérité intrépidité irréformabilité probabilité pénétrabilité minorité impénétrabilité mortalité témérité rivalité pluralité propriété priorité urbanité marmiton avorton portatif pourtour.

Y y

Yolof yunan yédo yaméo yanon travail orteil réveil pareil avril babil Popayan Loyola Royan yupi mail deuil fenouil.

## GN gn

Rognon trognon mignon dignité ignorantin Avignon pignon Lamoignon alignoir magnanimité orignal brugnon lumignon Frontignan vigneron ignoré indignité malignité.

## Z z

Azur blazon Mazarin Montézuma zéro Zulmé bazar Luzi vizir diapazon Aza Zénon Zabulon Zamora Zuluar.

## S s

Soupé absurdité serin sofa supin strapontin transpontin samedi savon postériorité insolvabilité solidité santé solidarité spontanéité stabilité sablon spiritualité supériorité stérilité salon administratif bistouri piston surdité subtilité risban safran soudan satin substantif sapin sultan arsenal sandal

S s

lustral santal signal insipidité subtil postérité salubrité sommité sérénité sévérité sobriété stupidité sublimé vétusté surnom tournesol souvenir soupir similor plastron prospérité.

J j

Jupon Joab Juba Trajan jardin joli jasmin Jupin Justin jambon japon sapajou majorité Junon jalon major ajustoir jubilé jalap bajou bijou Anjou joujou Juda jovial journal Juvénal juré jeton jubé jaspé donjon abjuré.

CH ch

Bichon Bacha cheval chambrelan charbon bouchon barbichon chemin champignon tirebouchon fourchon charlatan chenapan chafouin charité chérubin chantourné chasteté.

CH ch

échevelé débouché marché péché bichon manchon torchon Fanchon branchu fichu déchu fourchu chalan échevin moucheté parchemin chenal machinal maréchal sénéchal chardon brochoir chignon échelon chevelu chérif chétif.

G g

Galon égalité dragon jargon gredin bougran drogman gourdin sagouin gardefou périgourdin inégal madrigal indigo inégalité intégrité infatigabilité prodigalité légalité galbanon goudron grognon gnomon brigantin chagrin grigou ouragan égal baragouin galopin maringouin fagotin Gargantua frugal diagonal légal tigré Églé dégré galon bénignité gradué rigodon frugalité longanimité gravité chagriné grenu gonfanon guenon.

## C c

Café bivouac cornac mic-mac bouc trictrac agaric alambic arsenic aspic balcon flacon flocon Gascon crochu bouracan cadran capitan cormoran carlin carmin chicotin carton canon contour crin cap acajou clou coucou bocal canal cordial crural épiscopal fiscal médical local monacal cornu canapé crampon crépon croquelardon coupon cordon calamité conjuré locati conformité activité vicomté pronostic incomparabilité public ric-à-ric trafic bloc troc froc archiduc califourchon cochon capuchon coqueluchon écran pélican cornichon toucan bénédictin biscotin bouquetin carabin scrutin tocsin capital caporal cardinal pascal patriarcal radical braquemar zodiacal Jacob cacao crépu carafon colibri cadédis cardon captivité cavité clarté

C c

incompatibilité concavité ponctualité crudité décrépité écourté fécondité incombustibilité incorruptibilité calin irrévocabilité crachoir scandé.

GU gu

Doguin Bourguignon consanguin sanguin béguin ambiguité régularité irrégularité Caligula singularité drogué coagulé coagulatif guignon guéridon consanguinité guidon contiguité.

QU qu

Antiquité Algonquin aquilin requin Arlequin baldaquin brodequin curé coquin lambrequin marasquin taquin palanquin trusquin tonquin turquin quinquina custodial cubital quintal curial cupidité curvité incurabilité subsécutif difficulté équité faculté incurabilité iniquité vacuité sécularité inarticulé curatif consécutif Cupidon spéculatif manqué flanqué.

# SYLLABAIRE GÉNÉRAL.

| | A | È | É | E | I | O | U | OU | AN | IN | ON | UN | OI |
|---|---|---|---|---|---|---|---|---|---|---|---|---|---|
| | a | è | é | e | i | o | u | ou | an | in | on | un | oi |
| B b | Ba | bè | bé | be | bi | bo | bu | bou | ban | bin | bon | bun | boi |
| | ab | èb | | | ib | ob | ub | oub | amb | imb | omb | umb | |
| P p | Pa | pè | pé | pe | pi | po | pu | pou | pan | pin | pon | pun | poi |
| | ap | èp | | | ip | op | up | oup | amp | imp | omp | | |
| V v | Va | vè | vé | ve | vi | vo | vu | vou | van | vin | von | vun | voi |
| | av | èv | | | iv | ov | uv | ouv | anv | inv | onv | | |
| F f | Fa | fè | fé | fe | fi | fo | fu | fou | fan | fin | fon | fun | foi |
| | af | èf | | | if | of | uf | ouf | anf | inf | onf | | |
| M m | Ma | mè | mé | me | mi | mo | mu | mou | man | min | mon | mun | moi |
| | am | èm | | | im | om | um | oum | | | | | |
| D d | Da | dè | dé | de | di | do | du | dou | dan | din | don | dun | doi |
| | ad | èd | | | id | od | ud | oud | and | ind | ond | | |
| T t | Ta | tè | té | te | ti | to | tu | tou | tan | tin | ton | tun | toi |
| | at | èt | | | it | ot | ut | out | ant | int | ont | | |
| PT | Pta | ptè | pté | pte | pti | pto | ptu | ptou | ptan | ptin | pton | | |
| FT | Fta | ftè | fté | fte | fti | | | | | | | | |
| TM | Tma | tmè | tmé | tme | tmi | tmo | | | | | | | |
| N n | Na | nè | né | ne | ni | no | nu | nou | nan | nin | non | nun | noi |
| PN | Pna | pnè | pné | pne | pni | pno | pnu | pnou | pnan | pnin | pnon | pnun | pnoi |
| Ll | La | lè | lé | le | li | lo | lu | lou | lan | lin | lon | lun | loi |
| | al | èl | | | il | ol | ul | oul | | | | | oi |
| BL | Bla | blè | blé | ble | bli | blo | blu | blou | blan | blin | blon | blun | bloi |
| PL | Pla | plè | plé | ple | pli | plo | plu | plou | plan | plin | plon | plun | ploi |
| FL | Fla | flè | flé | fle | fli | flo | flu | flou | flan | flin | flon | flun | floi |
| TL | Tla | tlè | tlé | tle | tli | tlo | tlu | | | | | | |
| R r | Ra | rè | ré | re | ri | ro | ru | rou | ran | rin | ron | run | roi |
| | ar | èr | | | ir | or | ur | our | | | | | oi |
| BR | Bra | brè | bré | bre | bri | bro | bru | brou | bran | brin | bron | brun | broi |
| PR | Pra | prè | pré | pre | pri | pro | pru | prou | pran | prin | pron | prun | proi |
| VR | Vra | vrè | vré | vre | vri | vro | vru | vrou | vran | vrin | vron | | |
| FR | Fra | frè | fré | fre | fri | fro | fru | frou | fran | frin | fron | frun | froi |
| DR | Dra | drè | dré | dre | dri | dro | dru | drou | drau | drin | dron | drun | droi |
| TR | Tra | trè | tré | tre | tri | tro | tru | trou | tran | trin | tron | trun | troi |

# SUITE DU SYLLABAIRE.

| | A | E | É | E | I | O | U | OU | AN | IN | ON | UN | OI |
|---|---|---|---|---|---|---|---|---|---|---|---|---|---|
| | a | è | é | e | i | o | u | ou | an | in | on | un | oi |
| Y y | Ya | yè | yé | ye | yi | yo | yu | you | yan | yin | yon | yun | |
| | ail | eil | | | il | | | ouil | | | | | |
| GN | Gna | gnè | gné | gne | gni | gno | gnu | gnou | gnan | gnin | gnon | | |
| Z z | Za | zè | zé | ze | zi | zo | zu | zou | zan | zin | zon | zun | zoi |
| | az | èz | | | iz | oz | uz | ouz | anz | inz | onz | | |
| S s | Sa | sè | sé | se | si | so | su | sou | san | sin | son | sun | soi |
| | as | ès | | | is | os | us | ous | ans | ins | ons | | |
| PS | Psa | psè | psé | pse | psi | pso | psu | psou | psan | psin | pson | | |
| SP | Spa | spè | spé | spe | spi | spo | spu | spou | span | spin | spon | | |
| SF | Sfa | sfè | sfé | sfe | sfi | sfo | sfu | sfou | sfan | sfin | sfon | | |
| ST | Sta | stè | sté | ste | sti | sto | stu | stou | stan | stin | ston | | |
| SPL | Spla | splè | splé | sple | spli | splo | splu | splou | splan | splin | splon | | |
| ST | Stra | strè | stré | stre | stri | stro | stru | strou | stran | strin | stron | | |
| J j | Ja | jè | jé | je | ji | jo | ju | jou | jan | jin | jon | jun | joi |
| | aj | èj | | | ij | oj | uj | ouj | anj | inj | onj | | |
| CH | Cha | chè | ché | che | chi | cho | chu | chou | chan | chin | chon | chun | choi |
| G g | Ga | | | gue | | go | | gou | gan | | gon | | goi |
| | ag | èg | | | ig | og | ug | oug | ang | ing | ong | | |
| GN | Gna | gnè | gné | gne | gni | gno | gnu | gnou | gnan | gnin | gnon | | |
| GL | Gla | glè | glé | gle | gli | glo | glu | glou | glan | glin | glon | | |
| GR | Gra | grè | gré | gre | gri | gro | gru | grou | gran | grin | gron | | |
| GZ | Gza | gzè | gzé | gze | gzi | gzo | gzu | gzou | gzan | gzin | gzon | | |
| C c | Ca | | | que | | co | | cou | can | | con | | coi |
| | ac | èc | | | ic | oc | uc | ouc | anc | inc | onc | | |
| CL | Cla | clè | lé | cle | cli | clo | clu | clou | clan | clin | clon | | cloi |
| CR | Cra | crè | cré | cre | cri | cro | cru | crou | cran | crin | cron | | croi |
| CS | Csa | csè | csé | cse | csi | cso | csu | csou | csan | csin | cson | | |
| SC | Sca | | | | | sco | | scou | scan | | scon | | |
| SCL | Scla | sclè | sclé | scle | scli | sclo | sclu | sclou | sclan | sclin | sclon | | |
| SCR | Scra | | | | | | | | | | | | |
| GUI | | Guè | gué | gueu | gui | | gu | | | guin | | gun | |
| QU | | Què | qué | queu | qui | | cu | | | quin | | cun | |
| SQU | | Squè | squé | | squi | | scu | | | squin | | scun | |

*Nota.* Il faudra détacher ce Syllabaire, et le coller sur carton.

www.ingramcontent.com/pod-product-compliance
Lightning Source LLC
LaVergne TN
LVHW020456230826
846091LV00008BA/3243

* 9 7 8 2 0 1 9 6 6 1 3 8 0 *